Librairie SCHILLER, faubourg Montmartre, 11

20 CENTIMES

L'AVENTURE

DE

M. DE FALLOUX

A

L'ENQUÊTE AGRICOLE DE SEGRÉ

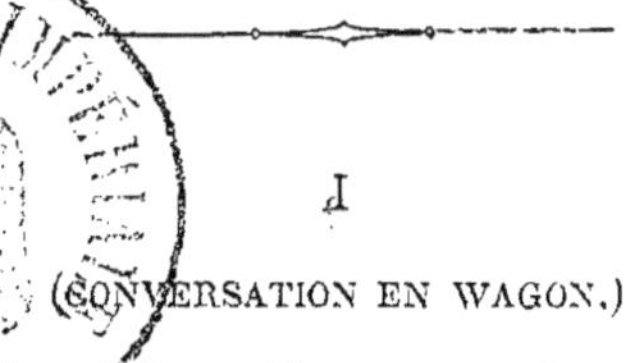

I

(CONVERSATION EN WAGON.)

Le 28 novembre, dans l'express de Paris à Nantes, la conversation qu'on va lire eut lieu entre deux voyageurs. Celui qui signe cet article fumait un cigare dans un coin, et il n'eut que la peine de la fixer dans sa mémoire pour la raconter à ses lecteurs.

— « Si je ne me trompe, monsieur, j'eus l'honneur de vous voir à Paris chez M. de Montmaur, il y a quelques mois.

— Oui, monsieur, vous avez pu m'y voir, et je crois vous reconnaître également.

— Est-ce que vous êtes Angevin, monsieur ?

— De l'arrondissement de Segré, monsieur.

— Ah ! vraiment ? Est-ce que vous auriez assisté à l'enquête agricole, par hasard ?

— J'y fus en personne, oui, monsieur.

— Comment ! monsieur, vous avez vu cela ?... Vous étiez à Segré !... Vous avez entendu M. de Falloux ?... Quel talent, n'est-ce pas ? Quel homme ! il est beau, il est élégant, il parle comme un ange, il est charmant. Quelle finesse ! quel esprit comme il faut ! Comment ! monsieur, vous étiez à Segré ?... Ah ! vraiment ! je n'en reviens pas ! Dites-moi, monsieur, je vous prie, quelle figure faisait là ce pauvre président ?

— Mais pas trop mauvaise, je vous assure.

— Comment?...

— Comme un homme qui a son mérite aussi, qui a sa valeur, qui sent sa dignité et qui sait la défendre. Et il l'a défendue, veuillez le croire, monsieur, fort noble-ment.

Le plus battu des deux n'est pas celui qu'on pense

au faubourg Saint-Germain.

— Ah! monsieur, vous voulez rire... Vous voudriez persuader à quelqu'un que M. de Falloux?... Mais, mon-sieur, M. de Falloux est tout simplement l'homme le plus extraordinaire, le plus grand talent, le plus grand génie de notre époque, monsieur. Je crois que vous ne connaissez pas M. de Falloux, monsieur. Vous ne l'avez pas entendu. M. Berryer, dans ses beaux jours, ne l'a jamais valu. Non, monsieur, je le soutiens, M. Thiers non plus. Ah bien, oui, Thiers! parlons-en! Mais je vois bien que vous n'êtes pas notre ami : allons, vous n'aimez pas M. de Falloux.

— M. de Falloux battu!

— Oui, monsieur. Sans de grands coups, sans colère, très froidement, c'est-à-dire de la façon la plus humi-liante pour un homme qui se présente avec des airs présomptueux. Il est venu à Segré, trainant derrière lui la cohorte de ses fermiers et de ses clients comme sé-nateur romain. Ces braves gens, entretenus dans le res-pect et dans l'admiration de M. le comte et de sa gloire, semblaient dire en marchant : « Vous allez voir comme M. le comte va dire son fait à ce président de Paris! » Est-ce que M. le comte n'a pas été le premier ministre de la France? Est-ce qu'il y a quelqu'un qui oserait seu-lement regarder en face de la gloire de M. le comte? Les valets eux-mêmes faisaient sonner les talons de leurs bottes avec fierté. De son côté, M. le duc de Fitz James marchait avec le légitime orgueil de sa race, af-fairé, pétulant, mais bien moins solennel.... M. le comte de Falloux allait à la parade, M. le duc au combat. M. de Falloux, de temps en temps, le regardait d'un air qui voulait dire : « Soyez calme, Fitz James; contenez-vous, mon ami! » On était dans l'antichambre de la salle de l'enquête. Le président arriva, fit ouvrir les portes, on entra. Il prit la parole d'un air souriant et bienveillant. Il n'y avait pas à se mettre en frais pour dire de quoi il s'agissait, n'est-ce pas? Tout le monde était prévenu.

— Ah! mais non! monsieur, voilà où est votre erreur. Tout le monde n'était pas prévenu. Et c'est ce que M. de Falloux fit observer énergiquement. Il demanda pourquoi on ne l'avait pas officiellement convoqué lui et ses amis. Il avait fallu que le *hasard*, oui, monsieur, le *hasard*, lui fît connaitre la réunion de la commission d'enquête. N'est-ce pas là-dessus qu'il fit entendre des plaintes vigoureuses? Lisez le *Correspondant*.

— Je l'ai lu. Oui, monsieur, M. de Falloux fit entendre des plaintes très vigoureuses, et M. de Fitz-James plus encore, beaucoup plus. M. le duc s'étranglait de fureur. Il déclara qu'il savait que certaines personnes n'étaient présentes qu'en vertu de lettres émanant de l'administration, mais que ce procédé ne l'étonnait pas; qu'il reconnaissait là le principe d'exclusion et d'hostilité qui dirigeait la conduite des sous-préfets et des préfets à son égard dans toutes les circonstances; — et permettez-moi, monsieur, d'ouvrir une parenthèse pour vous faire remarquer combien cela concorde avec l'*Opinion nationale* et le *Siècle*, qui accusent de temps en temps le gouvernement de n'avoir de complaisance que pour les légitimistes. — M. de Fitz James éclata et furibonda. Ses vassaux le contemplaient avec terreur, et le regard de M. de Falloux lui disait vainement : « Calmez-vous, Fitz-James! Retenez-vous, mon ami! » Rien ne le pouvait plus retenir. L'avalanche lancée sur la pente de la montagne, le torrent dans sa course bondissante, pardonnez-moi, s'il vous plaît, monsieur, donnent à peine une idée de l'éloquence impétueuse de M. le duc. Quand il eut fini, M. le président Migneret, répondit doucement, en souriant :

— Faites excuse, messieurs, mais vous vous trompez. Il y a eu en effet des lettres adressées pour la plupart à des personnes qui avaient cru devoir écrire pour de-

mander d'ètre entendues. Quant à convoquer officiellement et directement chacun de ceux que l'enquête peut
intéresser, ce n'était ni nécessaire, ni possible. Ce qui
était nécessaire et possible, c'était que tout le monde fût
bien averti du jour, de l'heure et du lieu de la réunion.
Or, ce lieu, ce jour, cette heure, ont été annoncés par
les journaux, par des affiches dans toutes les com-
munes. S'il y a eu çà et là quelques lettres de convocation directes, ç'a été précisément pour que la publicité
fût encore plus complète et que ceux qui recevaient ces
lettres les communiquassent autour d'eux. M. de Falloux
ne pouvait être seul à ignorer ce que tout le monde savait, et M. le comte et M. le duc veulent rire quand ils
assurent que le *hasard* leur a appris ce qui était la
grande nouvelle, le grand événement et le sujet de
toutes les conversations du pays. Je crois qu'il sera dif-
ficile de persuader qui que ce soit, quelque bonne volonté qu'on y mette, que le gouvernement, faisant une
enquête agricole publique dans l'arrondissement, sur la
porte de M. de Falloux et de M. de Fitz-James, a essayé
de confisquer à ces messieurs la connaissance de ce fait.
C'eût été comme s'il avait essayé en plein midi de confisquer le clocher de la ville, sans être vu par le caril-
lonneur. Voilà à peu près comment a parlé M. le président conseiller d'Etat, non pas dans ces termes exprès,
bien entendu, mais avec une modération, une finesse et
une distinction qui faisaient dire jusqu'aux fermiers de
M. de Falloux « que ce Monsieur-là parlait bien tout de
même. »

— Et que répondirent ces messieurs?

— Le noble duc eut un mouvement splendide. Il
bouillait dans son armure, je veux dire son paletot. Il
n'avait rien entendu, comme il arrive toujours aux
violents. Il était même convaincu que M. le président
le menaçait et disait là les choses les plus irrespec-
tueuses qu'un gentilhomme pût entendre. L'œil de M. de
Falloux lui disait toujours : « Calmez-vous, Fitz-James,
contenez-vous, mon ami ! » Mais on aurait plutôt con-
tenu les flots de la mer irritée, sauf votre respect, monsieur. Il s'écria donc que *rien ne saurait faire reculer*

*ses amis. On aurait beau nous fermer les portes, nous en-
trerions par les fissures !* Je ne sais pas bien s'il dit les
fissures ou les serrures, mais le reste, je vous le ga-
rantis mot pour mot. Tout Segré l'a entendu et admiré ;
ce beau trait restera. Ces grands mouvements restent,
comme de juste, dans les légendes des familles.

— Et M. de Falloux ?

— Il souriait avec une expression presque impercep-
tible de dépit, mais toujours maître de lui. Il est l'homme
de la finesse et de la subtilité de l'ergotage ; il parle
comme on enfile des perles. Il insinua avec douceur que
le mieux serait qu'on abordât la discussion ; que M. le
président voulût bien écouter les observations géné-
rales qu'il avait à présenter d'abord, et interroger ensuite les personnes présentes. Lui, M. de Falloux, se
réservait de demander des explications et de faire ses
remarques quand il le croirait convenable. A quoi M. le
président fit observer que la première phase de l'enquête étant épuisée, c'est-à-dire les questionnaires
ayant été remplis selon qu'il était prescrit, on était
dans la seconde phase. Il ne s'agissait maintenant que
de recueillir des dépositions orales et individuelles, de
consulter les opinions, de recevoir les demandes, les
vœux que chacun aurait à formuler, pour les consigner
dans l'enquête ; chacun devait par conséquent parler à
son tour. Les présidents n'avaient pas reçu la mission
d'aller discuter des opinions ni soutenir des thèses, ni pré-
sider à des dialogues et à des conférences entre les assistants, mais simplement d'assurer à chacun la liberté de
dire ce qu'il avait à dire, pour qu'il en fût pris note officiellement. M. de Falloux était donc prié de parler, de
déposer en toute liberté ; on était prêt à l'enregistrer
comme les autres. Mais cela ne faisait pas son affaire.
Son affaire était de débiter l'homélie politique et reli-
gieuse que vous avez lue, monsieur, dans le *Correspondant*. Il prit la parole, en ricanant un peu, et entra dans
la discussion comme une couleuvre dans les brous-
sailles. Au bout de vingt-cinq minutes, il s'agissait du
prix du blé qui vaut 5 fr. le boisseau, en moyenne, sur
les marchés de Segré et voilà que Voltaire arrive au bout

de la période, comme la marée en carême ! C'est le triomphe de ce genre-là, à Segré comme à l'Académie, de faire arriver Voltaire ou le Pape à propos d'un boisseau de blé. On se regardait. Après Voltaire la République, M. Ledru-Rollin, Henri IV, François Myron, la Révolution, la Constitution, la Prusse... Le président l'arrêta en Prusse.

— Je comprends : c'est ce qui fait dire à M. de Falaux dans le *Correspondant* que M. Migneret a des *formes judiciaires*.

— C'est cela même. Il fallut l'arrêter comme l'*Intimé* ou *Petit-Jean*, je ne sais plus lequel, dans sa plaidoirie ; lui faire observer doucement que l'enquête n'était faite ni pour le Pape, ni pour François Myron, ni pour le roi de Prusse...

> Qu'on suait sang et eau pour voir si du Japon
> Il viendrait à bon port au fait de son chapon.

Voyons, monsieur, franchement, croyez-vous que l'enquête agricole eût pour objet d'offrir aux chefs des partis une occasion d'y venir faire des discours sur le Pape, sur la constitution de l'Etat et sur le roi de Prusse ?

— Là-dessus, je ne vous contredirai pas, monsieur.

— J'en étais sûr. M. Migneret arrêta donc M. de Falloux et le pria, avec une fermeté polie, de vouloir bien rentrer dans le programme.

— Voulez-vous me permettre un mot?... Je vois bien jusqu'ici une scène infiniment prolongée entre M. de Falloux, M. de Fitz-James et le président, mais il y avait là un public, des gens venus pour parler à leur tour, pour déposer, s'expliquer...

— Et vous commencez à comprendre, n'est-il pas vrai, que l'enquête ne remplissait pas son but en s'égarant dans des dialogues personnels et dans des questions politiques? C'est ce que fit observer le président en arrêtant M. de Falloux en Prusse, et il convia les agriculteurs présents à présenter leurs dépositions. Sur quoi il y eut un grand soubresaut de M. le duc de Fitz-James, qui ne comprenait pas que, lorsqu'il y avait là des gentilhommes, on donnât la parole aux manants. Le regard du comte lui disait toujours : « Calmez-vous, Fitz-James, contenez-vous, mon ami ! » Mais on arrêterait plus aisément l'aquilon furieux lorsqu'il s'élance dans la plaine, si vous voulez bien me permettre la comparaison, monsieur.

— Et le président?

— Le président riait doucement, monsieur. Il y a des choses qui font rire ; on attend qu'elles soient finies, et on continue.

— Enfin les agriculteurs qui étaient là parlèrent-ils ; purent-ils se faire entendre?

— Peu, monsieur. M. de Falloux raconte dans le *Correspondant* que généralement on garda le silence. Les cultivateurs s'expliquent volontiers à l'occasion, et les avocats vantent leur finesse. Ceux de Maine-et-Loire ne sont pas bien loin des Normands. Mais ici M. le duc et M. le comte les gênaient beaucoup. Michelin avait annoncé à tous ses amis, sur la place de Segré, qu'il parlerait, et on le connaît pour un homme tout rond. Franchard lui avait dit : « Prends garde, Michelin, M. de Falloux te rivera ton clou et ça te mettra mal dans le pays ! » Michelin avait répondu : « Je me moque de M. de Falloux comme de toi ! » Et le fait est que, lorsque le président lui donna la parole, la peur le prit et il bredouilla en tournant son chapeau entre ses doigts. La grande majorité, comme vous le pensez bien, était composée des fermiers de M. le comte et de M. le duc, qui tiennent tout le pays. Quand le président les convia à parler, ils répondirent *bée!* comme Agnelet. Vous connaissez bien Agnelet? Son avocat lui avait dit : « Tu répondras toujours *bée* au président. » Agnelet, quand on l'interrogea, répondit : *bée.* On n'en put tirer autre chose et on l'acquitta comme un idiot. L'avocat alors lui demanda ses honoraires : *Bée!* lui répondit Agnelet. C'est tout ce qu'en put tirer l'avocat. Eh bien! monsieur, quand le président fit défiler les fermiers de M. le comte et leur demanda son avis « sur l'état de l'agriculture, » ils répondirent qu'elle *souffrait beaucoup,* autrement dit : « *bée,* M. le président! » Mais celui qui les prendrait pour des idiots se tromperait du tout au tout, mon cher monsieur, et la suite de cette histoire vous l'apprendra. »

La locomotive siffla et nous avertit que nous étions à Orléans. On criait : Orléans! vingt-cinq minutes d'arrêt. « — Vous allez jusqu'à Angers, n'est-il pas vrai? dit à l'autre l'un des interlocuteurs. — Non ; je m'arrête à Saint-Sylvain-Briollay. — C'est tout comme ; alors nous reprendrons notre conversation. — Je ne nie pas qu'elle m'intéresse. »

Moi je n'allais qu'à Orléans, mais je me promis tout de suite d'aller jusqu'à Saint-Sylvain-Briollay pour entendre la suite de l'histoire. Je la conterai lundi aux lecteurs du *Pays*.

II

(SUITE DE LA CONVERSATION.)

On sait que, très curieux d'entendre la fin des aventures de M. le comte de Falloux et de M. de Fitz-James à l'enquête de Segré, j'avais résolu de suivre mes compagnons de voyage jusqu'à Saint-Sylvain-Briollay. Quand le train, après vingt-cinq minutes d'arrêt à Orléans, prit la direction de Nantes, le dialogue reprit son cours. Un voyageur que ces messieurs avaient rencontré au buffet, et qui paraissait de leur connaissance, était seul monté avec nous. On le mit de la conversation. Je compris que c'était un personnage d'une certaine importance, ayant une position considérable dans les ardoisières d'Angers.

— « Mon cher ami, lui dit le voyageur de Saint-Sylvain-Briollay, voilà monsieur qui me raconte des choses étourdissantes de l'enquête de Segré. Il est lui-même du pays ; il a assisté à la fameuse séance, et il paraîtrait que les choses ne se seraient pas tout à fait passées comme on les raconte à Paris et dans les journaux.

— Je m'en doutais, dit en riant le nouvel interlocuteur, je suis de ceux qui prennent toujours le contre-pied des journaux. Je m'en trouve bien. Neuf fois sur dix, j'ai la chance d'être à peu près dans le vrai. Quand j'ai lu le *Correspondant*, je me suis dit : « — Bon ! ceci

est le discours que M. de Falloux avait préparé pour
l'enquête de Ségré. Il paraît qu'on l'a arrêté.,. »

— En Prusse, dit l'autre... Je contais cela tout à
l'heure à monsieur. Je lui disais que, lorsque M. de Falloux eut obtenu la parole, voilà qu'au bout de vingt-
cinq minutes (il s'agissait du prix du blé, qui vaut
5 francs en moyenne sur le marché de Segré) Voltaire
arriva dans la période comme la marée en carême.

— Je crois monsieur, interrompit l'ardoisier, que vous
rendez inexactement votre pensée, car la marée arrive
en carême fort à propos,

— Pardon! reprit l'interlocuteur de Segré, vous avez
raison. Il y en a qui disent « Mars en carême, » et l'à-
propos du dieu Mars, en cette circonstance, est moins
démontré. Voltaire arriva donc là avec la Constitution,
la Révolution et la Prusse, comme Mars en carême, et
le président, fort poliment, fit observer qu'il n'était pas
venu faire l'enquête à Segré pour le roi de... Vous me
comprenez bien, n'est-il pas vrai?

— On en dut rire?...

— Oui, monsieur, cela fit rire les gens de Segré, qui
osent rire devant M. le comte. Il n'y en a pas beaucoup,
mais enfin il y en a. M. le président Migneret voulut don-
ner ensuite la parole aux assistants. Ceux-là la prirent
qui, à Segré, osent parler devant M. le comte. Il n'y en
a pas beaucoup, mais enfin il y en a.

— Monsieur, disait plaisamment tout à l'heure qu'ils
répondirent : *Bée !* comme Agnelet.

— Eh! Agnelet n'était pas si bête, dit l'ardoisier.

— Un qui a la langue bien pendue, par exemple,
c'est Motais, M. Motais, du *Lion d'Angers*, marchand de
blé, bien connu dans le pays. Il demanda la parole :
c'est un homme qui connaît son affaire et qui s'expli-
que carrément. Il osa dire tout haut que les droits pro-
tecteurs étaient un vieux reste de l'ancien régime qui a
fait son temps. Ce mot mit toutes les oreilles en l'air.
« Oui, messieurs, dit Motais, il a fait son temps, grâce à
Dieu! et je soutiens que ce qu'il nous faut pour la pros-
périté de l'agriculture, c'est la liberté du blé comme de
tout le reste. » Il voulait parler de la liberté de l'échange

du blé et de tous les produits agricoles. C'est l'opinion
de Motais. Le résultat de l'enquête nous dira plus tard
ce qu'il faut en penser, mais enfin Motais, appelé pour
parler, parlait à sa façon, comme il l'entend, dans son
métier de marchand de blé. M. de Falloux n'y tint plus.
On a beau dire : « Calmez-vous, Fitz-James; contenez-
vous, mon ami! » Le voilà parti, lui aussi, indigné de
l'audace de Motais.

— Vraiment?

— Comme je vous le dis, messieurs. Lui-même, du
reste, raconte dans le *Correspondant* qu'à un certain
moment il *perdit patience*. M. le président de l'enquête,
lui, ne perdait rien. Ce fut son tour : « Calmez-vous,
monsieur le comte, contenez-vous, de grâce, et veuillez
remarquer que personne ne vous a interrompu. On a
ici le droit de parler, sans avoir à entrer en polémique
avec qui que ce soit. C'est à moi qu'on parle et qu'on
expose son opinion et son sentiment. J'entends mainte-
nir à chacun la liberté la plus complète et je vous invite
au silence. » « — Voilà qui est parlé! » dit Motais, et il
continua son affaire. Or, c'est ici, messieurs, qu'eut lieu
la grande scène.

— Il y eut donc une grande scène?... On en parlait
hier à Tours, mais vaguement, dit l'ardoisier.

— Parbleu! la grande scène de M. de Fitz-James. J'ai
eu l'honneur de vous le dire, je crois : l'avalanche lancée sur la pente de la montagne, le torrent bondissant,
l'aquilon furieux, sauf votre respect, messieurs, ne sauf
raient peindre l'impétuosité du noble duc. La hardiesse
de Motais, l'audace de ce marchand de blé, boulever-
saient toutes les idées de sa race sur les rapports du
tiers-État et de la noblesse. « Je proteste, s'écria-t-il,
nous protestons tous ici, n'est-il pas vrai, messieurs? —
Béee! firent ses gens. — Par mes aïeux! un débat con-
duit de la sorte n'est pas sérieux! — *Béee!* — Cette im-
partialité, cette injustice, deviennent intolérables! » Il
trouvait intolérable que M. de Falloux fût empêché
d'interpeller Motais et de placer son discours sur la
Constitution et sur le pape.

— C'est assez clair, dit l'ardoisier.

— Le président, là-dessus, se redressa et fit observer à M. le duc que ces expressions-là étaient de celles qu'on rappelle à l'ordre dans les assemblées délibérantes. Ah! par exemple, c'est ici qu'il aurait fallu voir M. le duc. Vous comprenez, messieurs, dans une enquête agricole, à Segré, devant ses fermiers... Cet homme était furieux. « Moi! balbutia-t-il avec indignation, un Fitz-James rappelé à l'ordre ! » Les spectateurs étaient terrifiés. « Oui, monsieur, à l'ordre, dit le président, je vous rappelle à l'ordre, à la modération, au respect de la liberté. » Vous m'excuserez, messieurs, si je me répète; mais l'avalanche sur la pente de la montagne, le torrent bondissant...

— L'aquilon furieux, interrompit l'ardoisier, ne donnent qu'une idée incomplète de l'impétuosité du noble duc; c'est entendu. Et comment cela finit-il ?

— Cela finit... que le noble duc s'écria finalement : *Au fait, tant mieux ! rappelez-moi à l'ordre ! cela me servira un jour...*

— Et à quoi diantre cela lui servira-t-il ?

— Ma foi! monsieur, je n'en sais rien... A prouver sans doute, aux générations futures, qu'il y eut un jour en France où l'on put voir un duc de Fitz-James en personne rappelé à l'ordre devant des paysans par un conseiller d'Etat de l'Empire, et un simple marchand de blé du *Lion d'Angers* oser se permettre de n'être pas de l'avis de M. de Falloux à l'enquête de Segré, ce qui est évidemment le dernier degré de confusion et d'anarchie où l'Empire puisse mener la France.

— Et l'enquête finit là ?...

— Non pas, messieurs. Du reste, les épisodes que je vous conte durèrent moins de temps que je n'en mets à les conter, grâce au président qui, comme on dit, rivait les clous à ces messieurs d'une main non moins leste que solide. D'autres parlèrent, M. de Falloux surtout, tant qu'il voulut; mais les doucereuses diatribes qu'il avait préparées, on lui rabattit cela tout net. Le spectacle dont il avait promis de régaler ses clients et ses amis fut manqué; il fut rembarré au premier mot sans aucune espèce d'égard pour ses ancètres. Quand il parla bien et honnêtement des choses de l'enquête, on l'écouta comme il convient à l'égard d'un homme de sa compétence. Il y a des industries qui se rattachent à l'agriculture, dans lesquelles il est le premier homme de France, avec M. Borelly, un ancien procureur général de 1848.

— Je le connais, dit l'ardoisier. M. Prevost-Paradol est un des amis de la maison. M. Borelly a une ferme du côté d'Aix, tout à l'anglaise et appelé *New Purcels*; j'estropie peut-être le mot, je ne sais pas l'anglais. Cela veut dire, je crois, « nouvelle porcherie. » Mais voudriez-vous me permettre de vous demander si vous avez entendu à Segré M. de Salmonières?

— Parfaitement : c'est aussi un gentilhomme, grand propriétaire dans le pays. Celui-là, monsieur, a été d'une convenance parfaite. Hostile, mais calme, raisonné et plein de modération. Il dépendait de M. de Falloux et de M. de Fitz-James de l'imiter. On les eût écoutés comme M. de Salmonières, avec les plus grands égards.

— On parlait hier à Tours, dit l'ardoisier, d'un incident assez piquant au sujet des cabarets.

Le narrateur raconta cet incident fort curieux, en effet, qui fait connaître que M. de Falloux, entre autres libertés, réclame la liberté absolue des cabarets au nom de la morale publique et l'abolition du droit de patente, oubliant que la patente n'a rien de commun avec les *lettres-patentes* et est simplement un impôt fiscal. Nous eûmes aussi des éclaircissements sur le grief qu'il articule et qu'il reproduit dans le *Correspondant*, au sujet d'une certaine écluse de Mingué dont l'établissement retarde la canalisation de la rivière de Segré. M. le comte s'est plaint qu'on ait fait, au lieu de l'écluse de Mingué, une sous-préfecture qui l'importune, oubliant ici encore une distinction essentielle connue des gardes champêtres : c'est qu'on fait l'écluse avec les fonds de l'Etat, et que les fonds départementaux paient la sous-préfecture. On n'eût pas fait la sous-préfecture de Segré, qu'on n'eût pas eu pour cela plus d'argent pour l'écluse de Mingué. La confusion est donc grossière. M. Migneret la releva sans réplique possible, mais cela n'enpêche pas M. de Falloux de la reproduire dans le *Correspondant...* au contraire ! Et M. de Falloux alla plus loin : il parla de l'écluse de Mingué comme d'un projet abandonné, sacrifié à la sous-préfecture de Segré, tandis que M. le comte savait parfaitement que ce projet, loin d'être abandonné et sacrifié, est mené aussi rondement qu'on le peut. Il fut mis en adjudication il y a très peu de temps, aucun adjudicataire ne se présenta. Pourquoi M. le comte et M. le duc ne soumissionnèrent-ils pas l'écluse de Mingué? Dans tous les cas, ils savent très-bien que l'on va procéder à une adjudication nouvelle. M. Migneret a eu l'honneur de les en informer, et M. le comte n'en a pas moins écrit dans son journal qu'il n'était plus question de l'écluse de Mingué, que la sous-préfecture à mangé l'écluse... Il a écrit cela au *Correspondant*, malgré les renseignements qu'on lui a fournis à l'enquête. *Son siège était fait.* »

Mais je m'aperçois que la reproduction intégrale de la conversation de ces messieurs jusqu'à Saint-Sylvain-Briollay me mènerait trop loin. Je conterai simplement la fin de l'aventure de Segré.

Quand tout fut terminé et que M. le président eût levé la séance, M. de Falloux et M. de Fitz-James se retirèrent suivis de la cohorte de leurs fermiers. Chemin faisant, on causait naturellement de la journée : « *Béee!* disait Franchard, *bée!...* ce n'est pas encore cela qui fera cesser les malheurs de l'agriculture! Maclou, de son côté, et Renaudin, répétaient en pleurnichant : « *Béee! bée!* Franchard a raison, bonnes gens. Il ne faut plus compter que sur le bon Dieu dans nos misères. » Et tous criaient *béee! bée!* comme devant le président. A quelques pas de la ville, on rencontra les fermières qui venaient au-devant de leurs maris. Arrivés à un endroit où la plupart devaient prendre à droite ou à gauche pour retourner chez eux, M. de Falloux appela Franchard, qui s'en vint à lui le chapeau à la main :

Franchard, tu es en retard pour tes fermages. — *Béee!* bêlà Franchard. — Et toi aussi, maitre Maclou.

— *Béee!* fit Maclou. — C'est bon, c'est bon, dit le comte : une autre chanson, s'il vous plaît. Comment se fait-il que mon intendant ait tant de mal depuis quelque temps à voir la couleur de votre argent? Vous devriez avoir honte du train que vous menez. — *Béee! béee!* — Qu'est-ce à dire messieurs? Nous ne sommes plus à l'enquête ici. Vous devriez rougir du train que vous menez. Les fermiers de mon père allaient en bidet à Angers et vous y menez vos femmes en carrosse. Le fils Maclou fait fi des sabots de son grand-père et entre dans le notariat. J'entends dire partout que Renaudin donne cent mille francs à Jacqueline, et que Langlumé fait son gars avocat. C'est le monde renversé. Voici la fin de l'an. Sachez que j'attends de vos écus, compères!

» *Bée: béee! béee!* se mirent à crier en chœur Maclou, Renaudin, Franchard et les femmes à l'unisson. *Béee! béee!* — Ah! monsieur le comte! Ah! monsieur le duc! n'aurez-vous point pitié des souffrances de l'agriculture? »

ULYSSE PIC,
Rédacteur du *Pays.*

Paris, le 2 décembre 1866.

RÉPONSE DE M. MIGNERET, CONSEILLER D'ETAT, PRÉSIDENT DE L'ENQUÊTÉ AGRICOLE DE MAINE-ET-LOIRE, A L'ARTICLE DE M. DE FALLOUX, PUBLIÉ PAR LE *Correspondant* (1)

Paris, le 5 décembre 1866.

« Monsieur,

» Vous avez publié un article intitulé : l'*Agriculture et la Politique*, dans lequel se trouve une note rendant compte de la séance de l'enquête agricole à Segré. Dans cette note, M. de Falloux distribue les rôles d'une façon que je ne puis admettre, et, sans me mêler à la polémique que votre publication a soulevée, je tiens à rectifier ce qui me concerne.

» Le département de Maine-et-Loire est le quatrième et dernier que j'ai visité. Dans les trois autres, et même dans les trois arrondissements de Maine-et-Loire, l'enquête, à laquelle ont pris part des hommes de toutes les conditions et de toutes les opinions, a présenté précisément ce caractère d'honnête liberté, d'absence de tout appareil que désire M. de Falloux. Par une circonstance heureuse, les

---

(1) L'honorable M. Migneret a adressé, au directeur du *Correspondant*, cette lettre que je prends la liberté de reproduire ici sans en être prié.

U. P.

quatre commissions, en se séparant, ont tenu à consigner, dans le procès-verbal, l'expression de leurs sentiments sur la liberté entière et l'aménité qui ont présidé à l'opération.

» Il n'en aurait pas été autrement à Segré, si les déposants s'étaient présentés dans les mêmes conditions.

» Je ne veux pas rechercher les causes extrinsèques de cet accident. Je me borne à ce qui suffit pour établir la sincérité et la liberté de l'enquête.

» 1e M. de Falloux omet de dire que l'enquête était commencée, lorsqu'il s'est présenté avec le duc de Fitz-James et une quinzaine de personnes, formant, je crois, une députation du comice de Segré, et qu'immédiatement je leur ai fait ouvrir les portes et qu'ils ont été placés et accueillis comme ils devaient l'être.

2º M. de Falloux oublie de dire que sa première parole a été une *question* sur la manière dont on allait régler la séance, une *critique* de la composition de la commission, un *blâme* sur le questionnaire, et enfin *l'intention avouée* non de faire une simple déposition, mais d'ouvrir une conférence.

» Est-il étonnant que le président se soit refusé à une controverse réservée pour d'autres temps, renfermant son rôle dans la réception impartiale et fidèle des dépositions?

» 3º M. de Falloux se plaint du soin que j'ai mis à obtenir que chacun ne parlât qu'à son tour. Mais de quelle manière aurais-je pu recueillir et reproduire, avec l'exactitude qu'il veut bien m'accorder, les dépositions, si tout le monde eût contredit et discuté à la fois, ou même incidemment? L'essentiel est que, chacun ne parlant qu'à son tour, chacun pût parler à sa volonté et autant qu'il voudrait.

» M. de Falloux reconnaîtra qu'il a largement et longuement usé de cette faculté.

» 4º Il s'est plaint, et M. de Fitz-James s'est plaint aussi de ce que ni l'un ni l'autre n'ait été convoqué. Mais il omet les explications que je lui ai données avec une patience dont je m'applaudis.

» Je lui ai rappelé que l'enquête a été soumise à des règles précises résultant d'un arrêté ministériel ; ce règlement, publié partout, a fait connaître que tous ceux qui voudraient être entendus le seraient, à la condition de prévenir de leur intention. Or, ni lui ni M. de Fitz-James n'ayant manifesté l'intention d'être entendus, il n'y avait aucune raison pour les convoquer.

» Il oublie (j'aime à croire que c'est involontaire) qu'en vue d'augmenter la sincérité de l'enquête, j'ai, d'accord avec les commissions, supprimé toute formalité et fait annoncer, par des affiches signées du préfet, les jour, lieu et heures où la commission entendrait, sans aucune distinction, toutes les personnes qui voudraient être admises (1) ;

---

(1) Voici une copie de la dernière affiche :

PRÉFECTURE DE MAINE-ET-LOIRE.

Enquête agricole.

AVIS.

La commission départementale de l'enquête agricole de Maine-et-Loire, a commencé ses opérations le 8 novembre 1866. Elle a décidé qu'elle entendrait dans les lieux et aux c'est en vertu de cette convocation générale que ces messieurs se trouvaient à Segré et ont été admis, sans aucune difficulté, à déposer.

» J'ai eu, sans aucun doute, le droit de terminer en disant qu'en présence d'une enquête aussi largement ouverte, et d'une commission prête à tout accueillir, toute plainte sur la forme était aussi mal fondée qu'inutile. J'insiste sur ce fait essentiel, car les affiches, constatant les invitations adressées à tous, sont annexées au procès-verbal des séances de la commission.

» M. de Falloux omet de dire qu'après lui plusieurs témoins ont été entendus dans le même sens, sans aucun incident ni interruption ; mais qu'un témoin ayant à son tour pris la parole et déposé dans un sens contraire à l'opinion de ces messieurs, s'est vu aussitôt interpellé par MM. de Falloux et Fitz-James, qui voulaient lui démontrer ses erreurs. J'ai dû alors — avec autorité cette fois — protéger le témoin contre une controverse inégale.

» Ces rectifications établissent, je crois, quelque différence entre le récit de M. de Falloux et la physionomie réelle de la séance.

» En fait, ces messieurs ont été entendus autant et aussi longtemps qu'ils l'ont voulu, bien qu'ils n'eussent pas demandé à l'être avant l'ouverture de l'enquête.

» Leurs dépositions, ils le reconnaissent, ont été reproduites avec une exactitude parfaite.

» Il y aurait encore beaucoup à dire, car M. de Falloux a repris la parole à la fin de la séance et a développé ses griefs dans des termes dont il a demandé lui-même qu'on n'insérât que le résumé : j'y ai consenti, et j'ai été ainsi dispensé de reproduire certaine phrase malheureuse sur la situation de l'armée française, phrase échappée (j'aime à le croire) à la rapidité du discours.

» De cette séance qu'il lui eût été facile de rendre si courte et qu'il a rendue si longue, M. de Falloux a rapporté l'impression d'un *comique indescriptible*. Il faut l'en féliciter, car cela prouve qu'il est pourvu d'un grand fond de gaieté.

» D'autres ont reçu des impressions différentes : le président a éprouvé un profond étonnement, beaucoup une grande fatigue, et un plus grand nombre la vive satisfaction d'avoir ainsi justifié leur vote sur le candidat mécontent des dernières élections.

» Agréez, monsieur, l'assurance de ma considération distinguée. »

MIGNERET.

---

heures ci-après désignées, les personnes qui se présenteraient pour déposer dans l'enquête orale :

A Angers, le mercredi 14 novembre, à midi, à l'hôtel de la préfecture ;

A Cholet, le 15 novembre, à 11 heures, à l'hôtel de la sous-préfecture ;

A Saumur, le samedi 17 novembre, à 11 heures, à l'hôtel de la sous-préfecture ;

A Baugé, le lundi 19 novembre, à midi, à l'hôtel de la sous-préfecture.

Paris. — Imp. Ch. Schiller, rue du Faubourg-Montmartre, 10.